Die Deutsche Bibliothek – CIP-Einheitsaufnahme

Ein Titeldatensatz für diese Publikation ist bei
der Deutschen Bibliothek erhältlich.

Peter Pan: Neue Abenteuer in Nimmerland
Copyright © 2002 Disney Enterprises, Inc.
Alle Rechte vorbehalten
Titel der Originalausgabe: Peter Pan - Return to Neverland
Erschienen 2002 im Egmont Franz Schneider Verlag, München
Übersetzung: Dr. Imke Weichert
Redaktion: Daniela Blaga
Satz: W. E. Weinmann Druck + Media GmbH, Filderstadt
Druck: Nørhaven Book A/S, Dänemark
ISBN 3-505-11812-5
EBS Ref. Nr. 1025-140

DISNEYS

PETER PAN

NEUE ABENTEUER IN

NIMMERLAND

EGMONT FRANZ SCHNEIDER VERLAG

Andere Zeiten

Es war einmal ein kleines Mädchen namens
Wendy, das ein aufregendes Abenteuer an einem
Ort mit Namen Nimmerland erlebte.
Dort traf sie Peter Pan und die verwunschenen
Kinder, die niemals erwachsen wurden.
Aber irgendwann war das Abenteuer zu Ende und
Wendy musste wieder zu ihren Eltern zurück.
Sie wurde genauso erwachsen wie die anderen
Kinder.
Zum Abschied winkte sie
Peter Pan zu und rief:
„Ich werde immer an
dich glauben, Peter Pan!"

Das tat sie auch, sogar dann noch, als sie selbst
erwachsen war und zwei Kinder hatte. Sie hielt das
Versprechen, das sie ihren Freunden aus Nimmerland
gegeben hatte, und erzählte ihren Kindern Jane
und Danny von ihren Abenteuern mit Peter Pan.
Besonders Jane liebte die Geschichten ihrer Mutter
und hoffte eines Tages selbst nach Nimmerland fliegen
zu können.

4

Dann passierte jedoch etwas Schreckliches: Ein Krieg brach
aus. Jane war furchtbar traurig, als ihr Vater in den Krieg
ziehen musste.

„Du musst jetzt auf deine Mutter und Danny aufpassen",
sagte ihr Vater zu ihr zum Abschied.

Und obwohl sie noch ein kleines Mädchen war, nahm
sie sich die Worte ihres Vaters sehr zu Herzen.

Und so war es kein Wunder, dass Jane nun an ganz andere Dinge dachte und ihren Glauben an Peter Pan und Nimmerland verlor. Eines Tages wurde sie bei ihrer Rückkehr aus der Stadt mit ihrem Hund, Nana zwei, von einem Luftangriff überrascht. Die beiden suchten tapfer Schutz, bis die Gefahr vorüber war.

Zur gleichen Zeit waren Wendy und Danny zu Hause in den
Luftschutzkeller geflüchtet.

„Ich habe solche Angst", schluchzte Danny. „Ich mag keine
Flugzeuge und Bomben."

Schnell beruhigte Wendy ihn, indem sie ihm erzählte, dass der
Lärm nur das Kanonenfeuer auf Käpt'n Hooks Piratenschiff sei.
Danny sprang fröhlich mit seinem Peter-Pan-Hut und dem Dolch
durch das Zimmer.

Endlich kamen Jane und Nana zwei nach
Hause. Jane überraschte Danny mit einem Paar
Socken, die sie ihm zum Geburtstag schenkte.
„Sieh mal, Danny!", sagte Wendy und verwandelte die
Socken schnell in Handpuppen.
Jane setzte sich zum Radio und notierte die Ansagen für die
Notversorgung in einem Notizbüchlein, das sie immer bei sich
trug.

Kein Glaube, kein Vertrauen

Nachdem sie wieder in der Wohnung waren, erklärte Wendy ihren Kindern, dass sie aufs Land geschickt würden. Dort wären sie vor den Bomben sicher.

„Versprich mir, dass du auf Danny aufpassen wirst, egal was passiert", bat Wendy.

Jane war entsetzt und tief verletzt. Sie wollte lieber bei ihrer Mutter bleiben und ihr helfen.

„Ich werde nicht gehen!", schrie sie. „Ich bleibe hier!"

15

„Wir sind bald wieder zusammen. Du musst fest daran glauben",
tröstete Wendy sie.

„Glaube, Vertrauen, Feenstaub!", schluchzte Jane. „Das bedeutet
doch alles nichts!"

Da stand Danny plötzlich in der Tür.

„Das ist nicht wahr!", rief er.

„Ach, Daniel!", sagte Jane. „Werde endlich erwachsen!
Das ist doch nur Unsinn."

Danny rannte weinend aus dem Zimmer.
„Du hältst dich zwar für sehr erwachsen, aber
du musst noch viel lernen", erklärte Wendy ihrer
Tochter.
Traurig lief Jane ans Fenster und blickte in den Nachthimmel
hinaus.
Nebenan schauten Wendy und Danny ebenfalls in den Himmel.
Sie suchten nach dem zweiten Stern rechts, der direkt nach
Nimmerland führte.

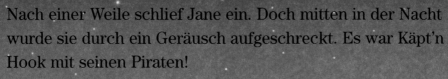

Nach einer Weile schlief Jane ein. Doch mitten in der Nacht wurde sie durch ein Geräusch aufgeschreckt. Es war Käpt'n Hook mit seinen Piraten!

„Hallo, Wendy", knurrte Hook, denn er hielt Jane für ihre Mutter.

„Entschuldigen Sie", meinte Pirat Smee, als er Jane ungeschickt in einem Sack verschnürte.

Die Reise nach Nimmerland

Sobald die Piraten Jane an Bord ihres Schiffes Jolly Roger
gebracht hatten, segelten sie durch den Himmel nach Nimmerland.
In der Kannibalenbucht gingen sie vor Anker. Wachsam spähte
Hook über die Reling. Er hielt Ausschau nach dem gefürchteten
Spuckipus, der in der Tiefe auf der Lauer lag.
„Mit Wendy als Köder werden wir
Peter Pan in
sein Verderben
locken", über-
legte Hook
listig.

In diesem Augenblick erschien Peter Pan! Hook erzählte ihm,
dass er Wendy in seiner Gewalt hatte und dem Spuckipus zum
Fraß vorwerfen würde!

„Lass sie gehen, du gemeiner Halunke!", schrie Peter Pan.
Dann flog er nach unten und tauchte ins Wasser, um das Mädchen
zu retten.

Mit Glöckchens Hilfe landete er kurze Zeit später sicher auf einem
nahe gelegenen Felsen und befreite Jane aus dem Sack. KRACH!
Jane versetzte Peter Pan als Erstes einen Schlag!
„Also, Wendy bist du sicher nicht!", stellte Peter Pan fest.
„Nein, aber ihre Tochter Jane", erklärte sie.

Schnell schnappte Peter Pan sich Jane und brachte sie zu seinem
Baumhaus, wo er mit den verwunschenen Kindern lebte. Schlauli,
Hasi und die Zwillinge Dicki und Mini ließen sich alle von oben
herunter, um sie zu begrüßen.
„Das ist Jane!", verkündete Peter Pan. „Sie wird unsere neue
Mutter sein und uns Geschichten erzählen!"
„Ich muss nach Hause!", protestierte Jane und stapfte davon.
Die Jungen fanden, dass sie sich genauso schrecklich benahm
wie ein Erwachsener.

Jane will nach Hause

Jane kam bis zur Küste der Insel, wo sie ein wackeliges Floß
baute. Peter Pan hatte sie eingeholt und schaute ihr erstaunt zu.
„Warum willst du denn nach Hause?", wollte er wissen.
„Ich habe meinem kleinen Bruder gesagt, dass es euch nicht
gibt", gab Jane schließlich zu. „Nun muss ich
zurück und sagen, dass ich mich geirrt habe."
Doch als sie ihr Floß zu Wasser ließ,
ging es sofort unter.

„Du kannst Nimmerland nur fliegend verlassen", erklärte Peter Pan
ihr.

Er fischte Jane aus dem Wasser und flog mit ihr auf einen
Felsvorsprung. Obwohl die verwunschenen Kinder sie anfeuerten,
weigerte sich Jane zu glauben, sie könne fliegen.

„Los geht's, Glöckchen!", sagte Peter Pan schließlich.

Die kleine Fee überschüttete Jane mit einer Portion Feenstaub.

Dann stieß Peter Pan sie von dem Felsen!

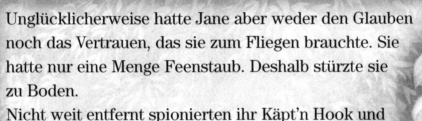

Unglücklicherweise hatte Jane aber weder den Glauben noch das Vertrauen, das sie zum Fliegen brauchte. Sie hatte nur eine Menge Feenstaub. Deshalb stürzte sie zu Boden.

Nicht weit entfernt spionierten ihr Käpt'n Hook und seine Piraten nach.

„Soso ... das Mädchen kann also nicht fliegen und es will schon nach Hause", überlegte Hook und schmiedete einen raffinierten Plan.

Peter Pan half Jane wieder auf die Beine.
Dabei entdeckte er ihr Notizbüchlein und nahm es ihr
im Spaß weg. Doch unglücklicherweise verschlang Dicki
das ganze Buch.
„Für euch ist das nur ein Spiel, nicht wahr?", schrie Jane wütend.
„Lasst mich in Ruhe! Ich glaube das alles überhaupt nicht und ich
glaube auch nicht an Feen!"
Dann rannte sie davon.

Peter Pan und die verwunschenen Kinder drängten sich um
Glöckchen. Weil Jane gesagt hatte, dass sie nicht an Feen glaubte,
wurde das Licht der kleinen Fee immer schwächer!
„Man kann niemanden zwingen, an Feen zu glauben", meinte
Peter Pan.
„Aber wir tun es!", sagten die Zwillinge.
„Das ist es!", rief Peter Pan. „Wir machen
Jane zu einer von uns!"

Die Schatzsuche

Inzwischen lief Jane Käpt'n Hook über den Weg. Er erzählte ihr, dass auch er seine Familie sehr vermisse. Doch ohne seinen Schatz könne er nicht nach Hause fahren, denn sonst würden die Piraten meutern!

„Ich nehme dich auf meinem Schiff mit zurück. Dafür hilfst du mir den Schatz zu finden", bot Hook ihr an.

Er gab ihr eine Pfeife, um ihn zu rufen, sobald sie den Schatz gefunden hatte.

Kurz nachdem Hook gegangen war, traf Jane Peter Pan wieder.
Der entschuldigte sich, dass sie ihr Notizbuch zerstört hatten.
Jane verzieh ihm und schlug vor Schatzsuche zu spielen.
„Eine großartige Idee", stimmte Peter Pan ihr zu. „Aber du musst
genauso denken wie die verwunschenen Kinder … und du musst
genauso viel Spaß dabei haben!"
Und so brachten die verwunschenen Kinder Jane bei, wie man
sich mit einer Liane durch die
Luft schwang, Steine auf
dem Wasser hüpfen ließ
und auf einem
Baumstamm ritt.

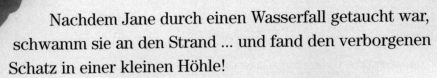

Nachdem Jane durch einen Wasserfall getaucht war, schwamm sie an den Strand ... und fand den verborgenen Schatz in einer kleinen Höhle!
Eigentlich sollte sie ja Hook rufen, aber sie hatte so viel Spaß mit Peter Pan und den verwunschenen Kindern, dass sie sie nicht verraten wollte. Stattdessen warf sie die Pfeife ins Wasser.

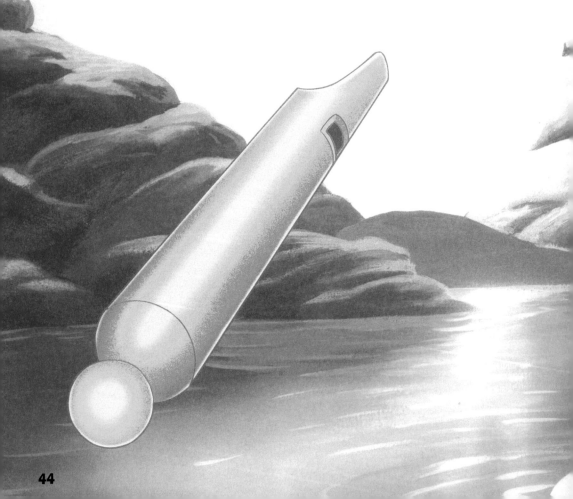

„Jane hat den Schatz gefunden!", rief Peter Pan, sobald er sie sah. Unter dem Jubel der anderen Jungen fuhr Peter Pan fort: „In Anerkennung deiner absolut unglaublichen Fähigkeit, verborgene Schätze zu finden, ernenne ich dich, Jane, zu einem verwunschenen Mädchen!"

Jane war glücklich. Sie war das erste verwunschene Mädchen, das es je gegeben hatte!

Zur Feier des Tages blies Mini auf einer Pfeife, die er soeben gefunden hatte. Leider war es Hooks Pfeife! Jane versuchte ihn aufzuhalten, doch da war es schon zu spät. Piraten stürmten die Höhle und nahmen Peter Pan und die verwunschenen Kinder gefangen.

„Du bist eine Verräterin, Jane!", brüllte Peter, als er weggeschleppt wurde. „Du hast mich angelogen und weil du nicht an Feen glaubst, erlischt jetzt Glöckchens Licht!"

Schluchzend erkannte Jane, dass sie nur noch eins tun konnte: Glöckchen suchen.

Als sie sie fand, war Glöckchens Licht bereits völlig erloschen. „O nein!", weinte Jane und vergrub ihren Kopf in ihren Armen. Dann sagte sie, dass sie doch an Feen glaubte – und etwas wirklich Magisches passierte: Glöckchen erwachte wieder zum Leben! Sie streckte sich, gähnte und begann wieder zu leuchten!

Jane, die Retterin

„Hast du noch etwas zu sagen?", fragte Käpt'n Hook Peter Pan auf der Jolly Roger.

Gleich würde er ihn dem Spuckipus zum Fraß vorwerfen!

„Lass die verwunschenen Kinder gehen!", forderte Peter Pan tapfer.

„Natürlich werden sie gehen …", erwiderte Hook. „Nach dir, einer nach dem anderen, vom Ende des Brettes!"

„Nicht so schnell, alter Stinkfisch! Oder du bekommst es mit mir zu tun!", rief plötzlich jemand Hook zu.

Es war Jane. Mutig stand sie mit Glöckchen auf den Tauen und war bereit Peter Pan zu retten.

Jane gab Glöckchen schnell ein Zeichen, damit sie den Schlüssel holte, den Hook um den Hals trug. Während die kleine Fee herabflog, um den Schlüssel zu Peter Pans Ketten zu besorgen, rannte Jane zu den verwunschenen Kindern, um sie zu befreien.
Sie schossen mit ihren Schleudern die Juwelen des Schatzes ins Wasser. Natürlich sprangen die gierigen Piraten hinterher, um sie zurückzuholen!

„Befreie mich von ihr, Smee!", schrie Käpt'n Hook, weil Glöckchen unter seinen Hut geflogen war.

Schnell griff Smee nach einem Ruder und ließ es auf Hooks Kopf niedersausen. Hook verlor das Bewusstsein und die kleine Fee flog davon.

Jane ergriff die Gelegenheit beim Schopf und wollte sich schnell den Schlüssel von Hook holen. Doch gerade als sie danach griff, erwachte Hook wieder und stürzte sich auf sie!

Flink kletterte Jane
die Taue empor und
versuchte Hook zu
entkommen. Aber Hook
folgte ihr und hatte sie bald am
Ende des Segels in die Enge getrieben.
„Du wirst nie gewinnen, Hook!", schrie Jane. „Nicht solange
es noch Glaube, Vertrauen und Feenstaub gibt!"
Und damit ließ sie sich in die Tiefe fallen – und sie flog!

Das einzige verwunschene Mädchen

Jane flog zu Peter Pan und befreite ihn unter dem Jubel der verwunschenen Kinder.

„Unglaublich!", rief Peter Pan glücklich.

Dann umrundete er mit Jane zusammen das Schiff.

Doch plötzlich wurden sie von Hook gestört, der sich auf einem Seil heranschwang. Er griff nach Jane und presste sie gegen den Mast!

Nun war es an Peter Pan, Jane zu retten!
Schnell warf er sein Messer und durchtrennte
so das Seil, an dem Hook sich festhielt.
„Das Spiel ist aus, Hook!", rief Peter Pan.
Der Kapitän schlug durch das Schiff hindurch in
das Wasser darunter.

Während sein Schiff sank, versuchte
Käpt'n Hook verzweifelt dem Spuckipus
zu entkommen.
Zu Hooks Glück zogen ihn Smee und die
anderen Piraten in ihr Boot und ruderten
wie der Blitz davon.

„Applaus für Jane!", schrie Schlauli.
„Das einzige verwunschene Mädchen!", jubelten die Jungen.

„Ich werde euch vermissen", gestand Jane den Jungen.
„Jeden von euch."
Peter Pan machte eine höfliche Verbeugung und sagte:
„Mein Fräulein, es wäre mir ein Vergnügen, Sie zurück nach
London begleiten zu dürfen!"
Bevor sie aufbrachen, bat Jane Glöckchen um etwas Feenstaub.

Glaube, Vertrauen und Feenstaub

Zusammen flogen Peter Pan und Jane zurück nach London. Und Jane, die sich einst für zu erwachsen gehalten hatte, um an Peter Pan zu glauben, zweifelte nicht mehr an Glauben, Vertrauen und Feenstaub.

Als sie endlich wieder zu Hause war, lief sie
sofort zu Wendy.
„Mama, es tut mir so Leid", entschuldigte sie sich.
„Wenn ich doch nur auf dich gehört hätte!"
Und als Danny aus seinem Zimmer kam, erzählte
Jane ihm all ihre Abenteuer: „Käpt'n Hook hat mich
entführt! Er hat mich nach Nimmerland gebracht
und versucht mich einem Riesenkraken zum
Fraß vorzuwerfen!"

Während Jane Danny alles erzählte, trat Wendy an Janes Fenster.
Sofort flogen Peter Pan und Glöckchen heran, um sie zu begrüßen.
„Wendy?", fragte Peter Pan, denn er war sich nicht ganz sicher,
ob die erwachsene Frau vor ihm wirklich Wendy war. „Du hast
dich verändert!"
„Eigentlich kein bisschen", lächelte Wendy.

„Ich werde immer an dich glauben, Peter Pan!", rief Jane ihm nach,
die mit Danny und ihrer Mutter Peter Pan und Glöckchen zum
Abschied zuwinkte.
Dann hörten sie plötzlich unten ein Geräusch.
„Daddy kommt heim!", rief Jane und rannte mit Wendy und
Danny nach unten, um ihn zu begrüßen.

Kurz beobachteten Peter Pan und Glöckchen vom
Himmel aus, wie die Familie sich freute wieder
beisammen zu sein.
Dann wendete sich Peter Pan zum
zweiten Stern rechts und meinte
zu Glöckchen: „Lass uns den
Heimweg antreten,
Glöckchen!"
Und das taten sie auch
... geradeaus bis zur
Morgendämmerung.